AF216326

Impressum
Verlag: BABADADA GmbH, Nedderfeld 112 , 22529 Hamburg
Geschäftsführer / Verlagsleitung: Harald Hof
Druck: Books on Demand GmbH, In de Tarpen 42, 22848 Norderstedt

Imprint
Publisher: BABADADA GmbH, Nedderfeld 112 , 22529 Hamburg, Germany
Managing Director / Publishing direction: Harald Hof
Print: Books on Demand GmbH, In de Tarpen 42, 22848 Norderstedt

школа
el colegio

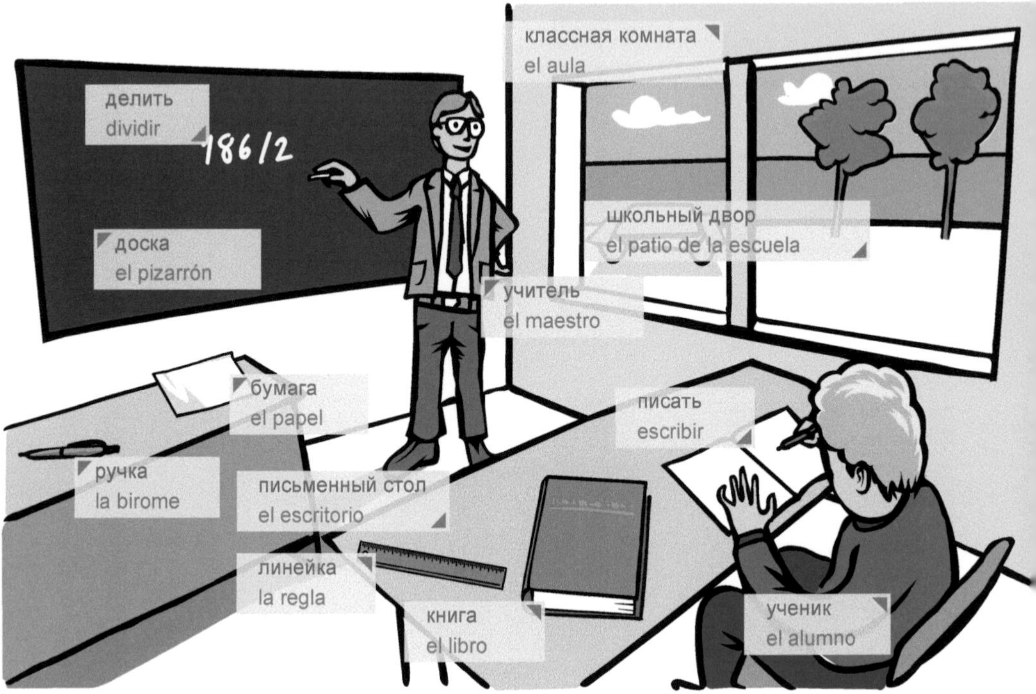

классная комната
el aula
делить
dividir
186/2
доска
el pizarrón
школьный двор
el patio de la escuela
учитель
el maestro
бумага
el papel
писать
escribir
ручка
la birome
письменный стол
el escritorio
линейка
la regla
книга
el libro
ученик
el alumno

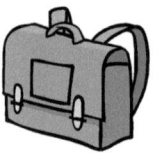

ранец

la mochila

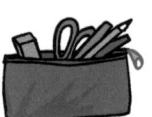

пенал

la caja de lápices

карандаш

el lápiz

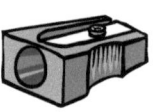

точилка

el sacapuntas

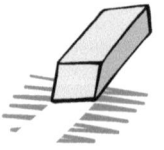

ластик

la goma (de borrar)

альбом для рисования

el bloc de dibujo

рисунок

el dibujo

кисточка

el pincel

коробка красок

la caja de pinturas

ножницы

la tijera

клей

el pegamento

тетрадь

el cuaderno de ejercicios

домашняя работа

la tarea

цифра

el número

2+2

прибавлять

sumar

вычитать

restar

умножать

multiplicar

считать

calcular

буква

la letra

алфавит

el abecedario

слово

la palabra

текст

el texto

читать

leer

мел

la tiza

урок

la lección

классный журнал

el cuaderno de clase

экзамен

el examen

диплом

el certificado

школьная форма

el uniforme escolar

образование

la educación

энциклопедия

la enciclopedia

университет

la universidad

микроскоп

el microscopio

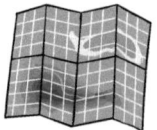

карта

el mapa

корзина для бумаг

el tacho (de basura)

путешествие

el viaje

Grand
гостиница
el hotel
турбаза
el hostel
ROOMS
пункт обмена валюты
la casa de cambio
чемодан
la valija
автомобиль
el auto

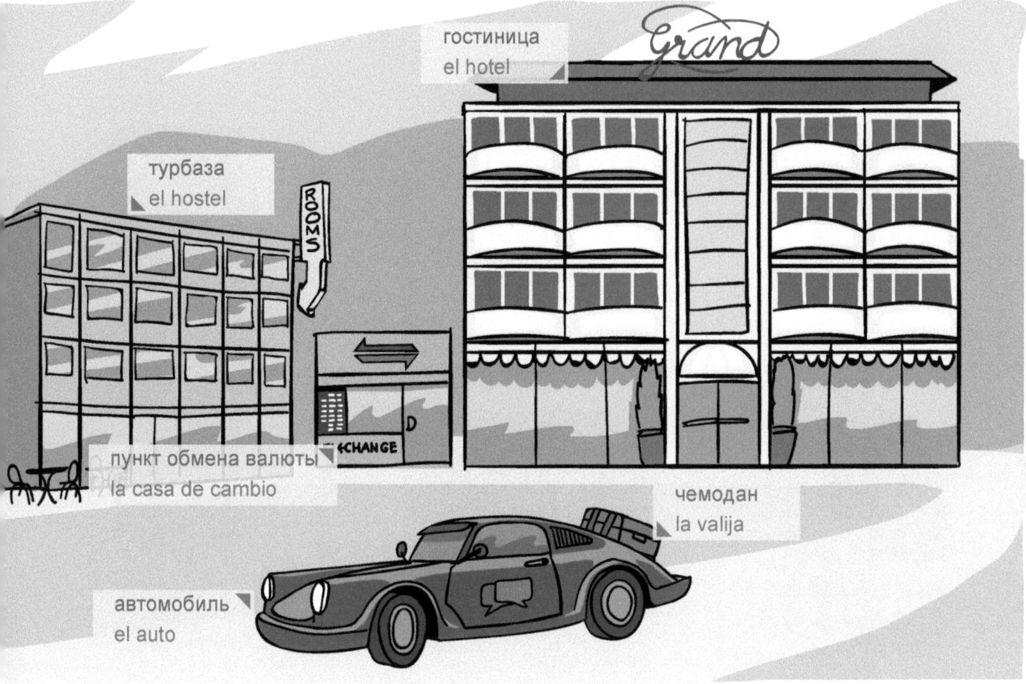

язык

el idioma

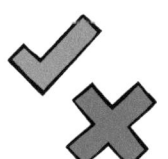

да / нет

sí / no

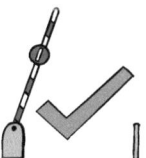

хорошо

Está bien

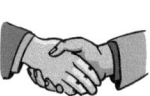

Привет

hola

переводчик

el traductor

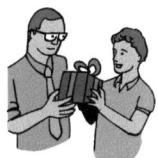

Спасибо

Gracias

Сколько стоит…?

¿cuánto cuesta…?

Я не понимаю

No entiendo

проблема

el problema

Добрый вечер!

¡Buenas tardes!

Доброе утро!

¡Buenos días!

Доброй ночи!

¡Buenas noches!

До свидания

el adiós

направление

la dirección

багаж

el equipaje

сумка

el bolso

рюкзак

la mochila

гость

el invitado

комната

la habitación

спальный мешок

la bolsa de dormir

палатка

la carpa

туристическая
информация
la información turística

пляж
la playa

кредитная карточка
la tarjeta de crédito

завтрак
el desayuno

обед
el almuerzo

ужин
la cena

билет
el pasaje

лифт
el ascensor

почтовая марка
el sello

граница
la frontera

таможня
la aduana

посольство
la embajada

виза
la visa

паспорт
el pasaporte

транспорт

el transporte

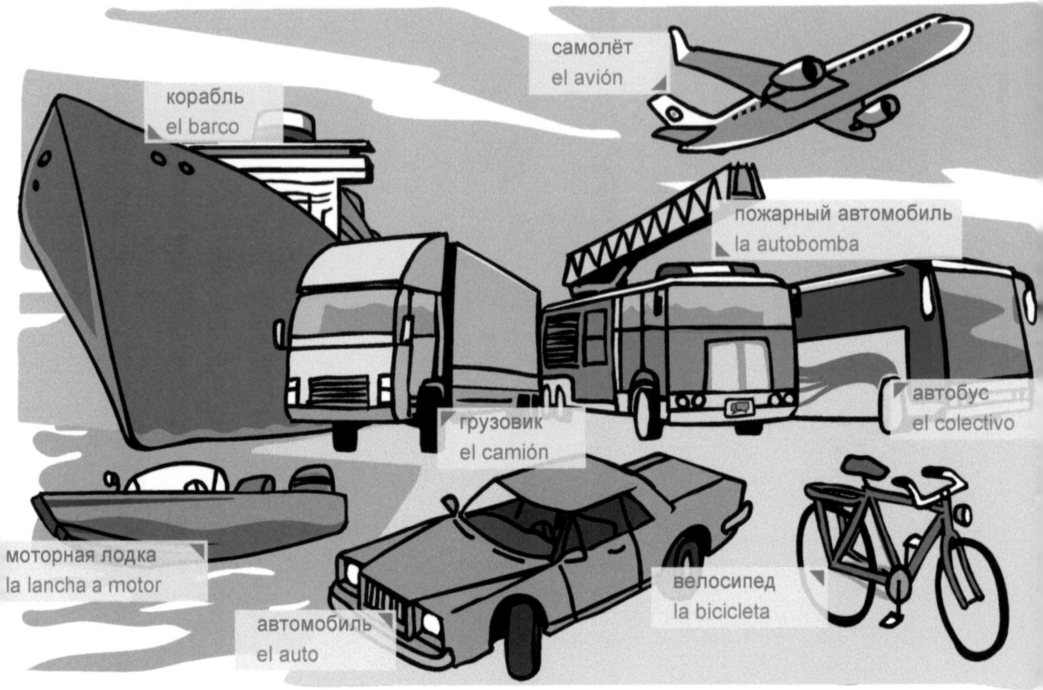
самолёт
el avión
корабль
el barco
пожарный автомобиль
la autobomba
автобус
el colectivo
грузовик
el camión
моторная лодка
la lancha a motor
велосипед
la bicicleta
автомобиль
el auto

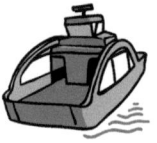

паром

el ferry

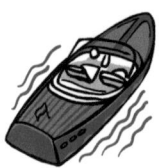

лодка

el bote

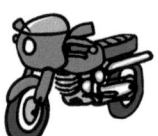

мотоцикл

la moto

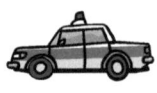

полицейский автомобиль

el patrullero

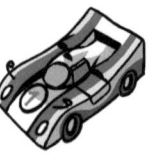

гоночный автомобиль

el auto de carreras

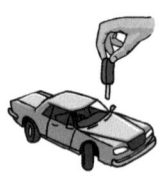

арендованный автомобиль

el auto de alquiler

совместное пользование
автомобилями

el alquiler de autos

буксировочный
автомобиль
la grúa

мусоровоз

el camión de la basura

двигатель

el motor

топливо

la nafta

заправка

la estación de servicio

дорожный знак

la señal de tránsito

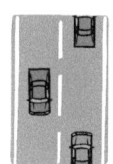

движение

el tránsito

пробка

el embotellamiento

автостоянка

el estacionamiento

вокзал

la estación de tren

рельсы

las vías

поезд

el tren

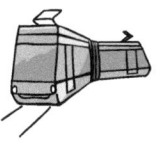

трамвай

el tranvía

вагон

el vagón

вертолёт

el helicóptero

аэропорт

el aeropuerto

вышка

la torre

пассажир

el pasajero

контейнер

el contenedor

коробка

la caja de cartón

тележка

la carretilla

корзина

la canasta

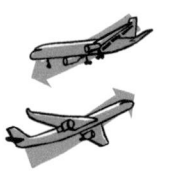

взлетать / приземляться

despegar / aterrizar

город

la ciudad

деревня

el pueblo

центр города

el centro de la ciudad

дом

la casa

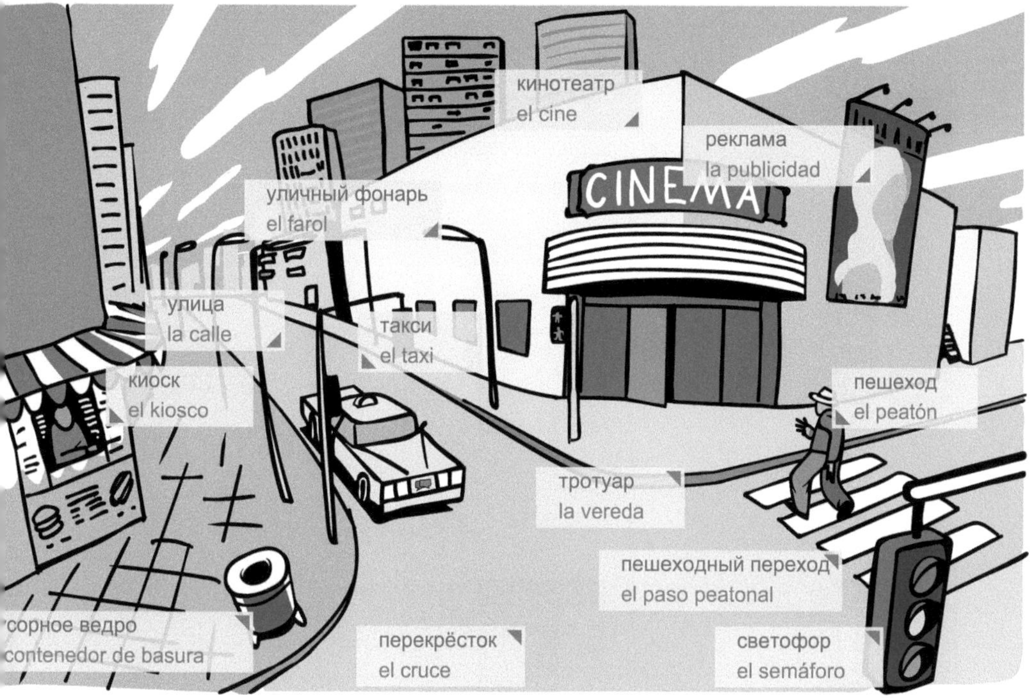

кинотеатр
el cine
реклама
la publicidad
CINEMA
уличный фонарь
el farol
улица
la calle
такси
el taxi
киоск
el kiosco
пешеход
el peatón
тротуар
la vereda
пешеходный переход
el paso peatonal
сорное ведро
contenedor de basura
перекрёсток
el cruce
светофор
el semáforo

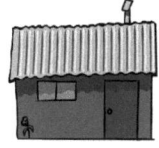

хижина

la cabaña

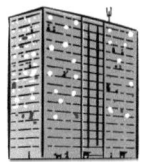

квартира

el departamento

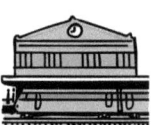

вокзал

la estación de tren

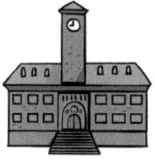

ратуша

la municipalidad

MUSEUM

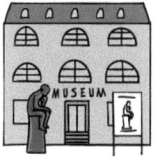

музей

el museo

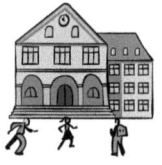

школа

el colegio

университет

la universidad

банк

el banco

больница

el hospital

гостиница

el hotel

аптека

la farmacia

офис

la oficina

книжный магазин

la librería

магазин

el negocio

цветочный магазин

la florería

супермаркет

el supermercado

рынок

el mercado

универмаг

las grandes tiendas

торговец рыбой

la pescadería

торговый центр

el centro comercial

порт

el puerto

парк

el parque

скамейка

el banco

мост

el puente

лестница

las escaleras

метро

el subte

тоннель

el túnel

автобусная остановка

la parada del colectivo

бар

el bar

ресторан

el restaurante

почтовый ящик

el buzón

табличка с названием улицы

el letrero

паркометр

el parquímetro

зоопарк

el zoológico

бассейн

la pileta

мечеть

la mezquita

ферма

la granja

загрязнение окружающей среды

la contaminación

кладбище

el cementerio

церковь

la iglesia

детская площадка

los juegos infantiles

храм

el templo

ландшафт
el paisaje

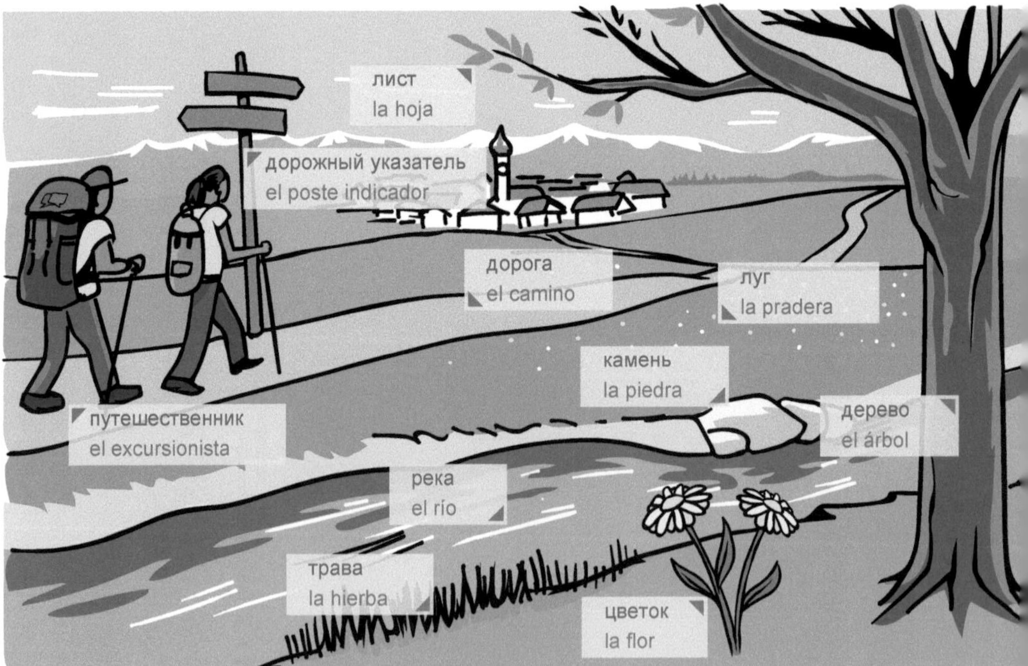

лист
la hoja

дорожный указатель
el poste indicador

дорога
el camino

луг
la pradera

камень
la piedra

дерево
el árbol

путешественник
el excursionista

река
el río

трава
la hierba

цветок
la flor

долина

el valle

гора

la montaña

озеро

el lago

лес

el bosque

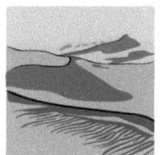

пустыня

el desierto

вулкан

el volcán

замок

el castillo

радуга

el arco iris

гриб

el champiñón

пальма

la palmera

комар

el mosquito

муха

la mosca

муравей

la hormiga

пчела

la abeja

паук

la araña

жук

el escarabajo

лягушка

la rana

белка

la ardilla

еж

el erizo

заяц

la liebre

сова

la lechuza

птица

el pájaro

лебедь

el cisne

кабан

el jabalí

олень

el ciervo

лось

el alce

плотина

la presa

ветряной генератор

el aerogenerador

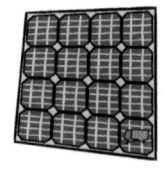

солнечная батарея

el panel solar

климат

el clima

ресторан
el restaurante

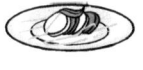

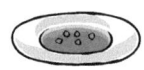

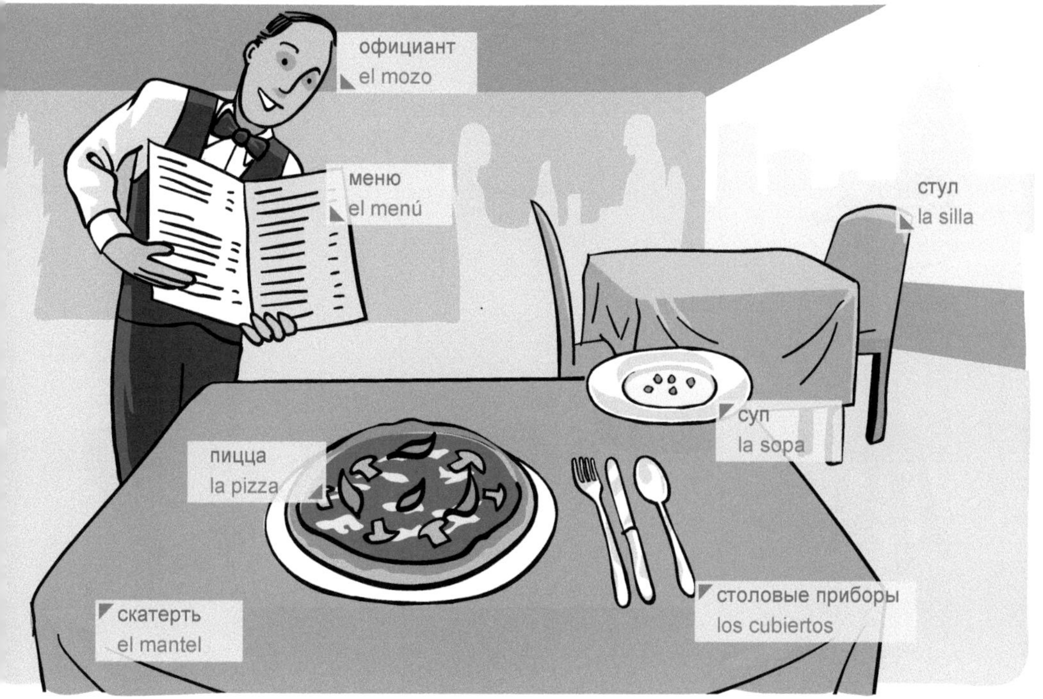
официант
el mozo
меню
el menú
стул
la silla
суп
la sopa
пицца
la pizza
скатерть
el mantel
столовые приборы
los cubiertos

закуска

la entrada

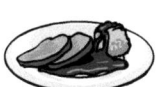

главное блюдо

el plato principal

десерт

el postre

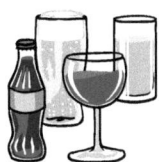

напитки

las bebidas

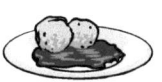

еда

la comida

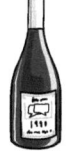

бутылка

la botella

фастфуд

la comida rápida

уличная еда

la comida callejera

чайник

la tetera

сахарница

la azucarera

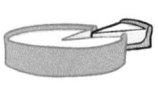

порция

la porción

кофеварка

la cafetera expreso

детский стульчик

la sillita alta

счет

la cuenta

поднос

la bandeja

нож

el cuchillo

вилка

el tenedor

ложка

la cuchara

чайная ложка

la cucharita

салфетка

la servilleta

стакан

el vaso

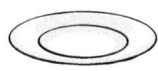

тарелка

el plato

суповая тарелка

el plato hondo

блюдце

el plato

соус

la salsa

солонка

el salero

мельница для перца

el molinillo de pimienta

уксус

el vinagre

масло

el aceite

специи

las especias

кетчуп

el kétchup

горчица

la mostaza

майонез

la mayonesa

супермаркет

el supermercado

специальное предложение
la oferta especial
FOR
покупатель
el cliente
молочные продукты
los lácteos
фрукты
la fruta
тележка для покупок
el changuito

BUTCHERS

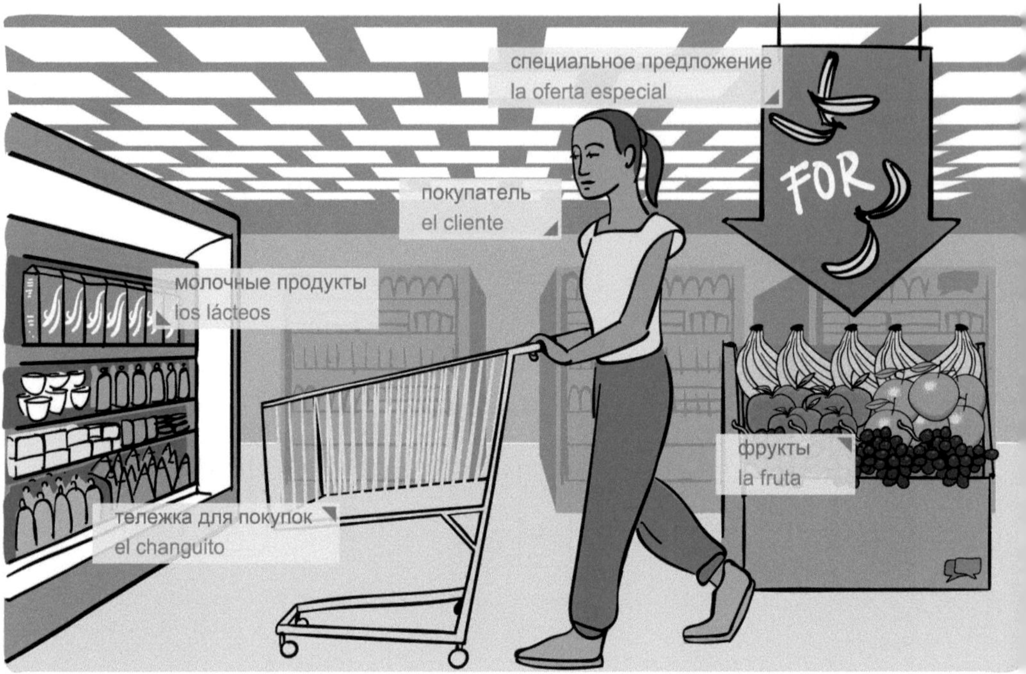

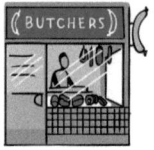

мясной магазин

la carnicería

BAKERY

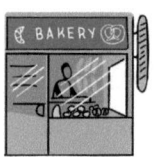

пекарня

la panadería

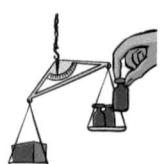

взвешивать

pesar

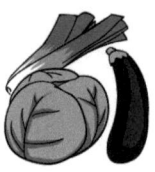

овощи

las verduras

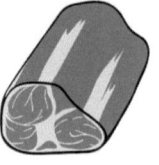

мясо

la carne

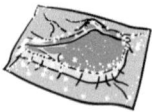

быстрозамороженные продукты

los alimentos congelados

нарезка

los fiambres

консервы

los alimentos enlatados

стиральный порошок

el detergente en polvo

сладости

las golosinas

предмет домашнего
обихода
los electrodomésticos

моющее средство

los productos de limpieza

продавщица

la vendedora

касса

la caja

кассир

el cajero

список покупок

la lista de compras

время работы

el horario de atención

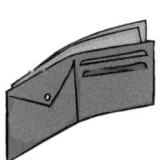

бумажник

la billetera

кредитная карточка

la tarjeta de crédito

сумка

la cartera

полиэтиленовый пакет

la bolsa de plástico

вода

el agua

сок

el jugo

молоко

la leche

кока-кола

la bebida cola

вино

el vino

пиво

la cerveza

алкоголь

el alcohol

какао

el cacao

чай

el té

кофе

el café

эспрессо

el café expreso

капучино

el cappuccino

банан

la banana

яблоко

la manzana

апельсин

la naranja

арбуз

el melón

лимон

el limón

морковь

la zanahoria

чеснок

el ajo

бамбук

el bambú

лук

la cebolla

гриб

el champiñón

орехи

las nueces

лапша

los fideos

спагетти

los tallarines

рис

el arroz

салат

la ensalada

картофель фри

las papas fritas

жареный картофель

las papas fritas

пицца

la pizza

гамбургер

la hamburguesa

сэндвич

el sándwich

шницель

el churrasco

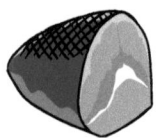

ветчина

el jamón

салями

el salame

колбаса

la salchicha

курица

el pollo

жаркое

el asado

рыба

el pescado

овсяные хлопья

los copos de avena

мюсли

el muesli

кукурузные хлопья

los copos de maíz

мука

la harina

круассан

la medialuna

булочка

el pancito

хлеб

el pan

тост

la tostada

печенье

las galletitas

масло

la manteca

творог

la cuajada

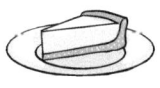

пирог

la torta

яйцо

el huevo

яичница

el huevo frito

сыр

el queso

мороженое

el helado

сахар

el azúcar

мёд

la miel

мармелад

la mermelada

крем с нугой

la pasta de chocolate

карри

el curry

ферма
la granja

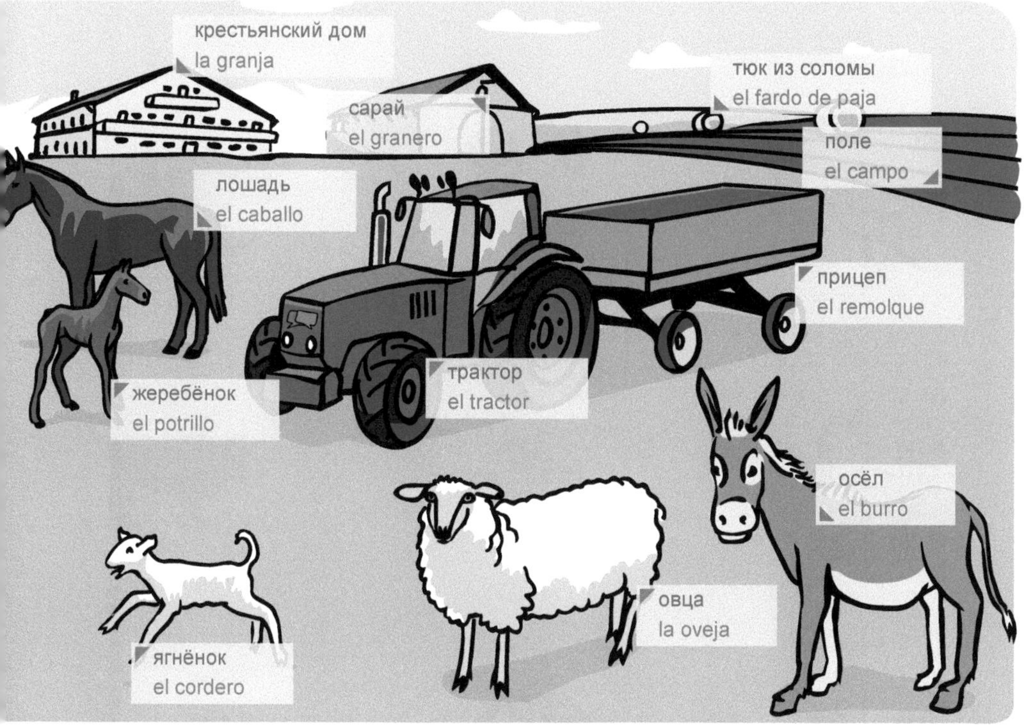
крестьянский дом
la granja
тюк из соломы
el fardo de paja
сарай
el granero
поле
el campo
лошадь
el caballo
прицеп
el remolque
трактор
el tractor
жеребёнок
el potrillo
осёл
el burro
овца
la oveja
ягнёнок
el cordero

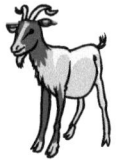

коза

la cabra

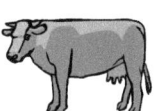

корова

la vaca

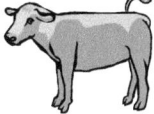

телёнок

el ternero

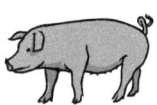

свинья

el cerdo

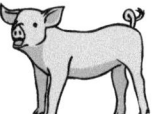

поросёнок

el lechón

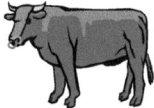

бык

el toro

гусь

el ganso

утка

el pato

цыплёнок

el pollo

курица

la gallina

петух

el gallo

крыса

la rata

кошка

el gato

мышь

el ratón

вол

el buey

собака

el perro

конура

la cucha

садовый шланг

la manguera

лейка

la regadera

коса

la guadaña

плуг

el arado

серп

la hoz

мотыга

la azada

навозные вилы

la horquilla

топор

el hacha

тачка

la carretilla

корыто

el abrevadero

бидон для молока

la lechera

мешок

la bolsa

забор

la reja

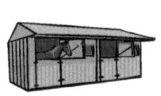

хлев

el establo

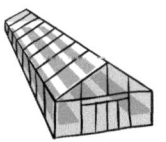

теплица

el invernadero

почва

el suelo

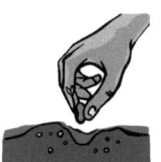

посев

la semilla

удобрение

el fertilizador

комбайн

la cosechadora

собирать урожай

cosechar

урожай

la cosecha

ямс

las batatas

пшеница

el trigo

соя

la soja

картофель

la papa

кукуруза

el maíz

рапс

la semilla de colza

фруктовое дерево

el árbol frutal

маниок

la mandioca

злаки

los cereales

дом

la casa

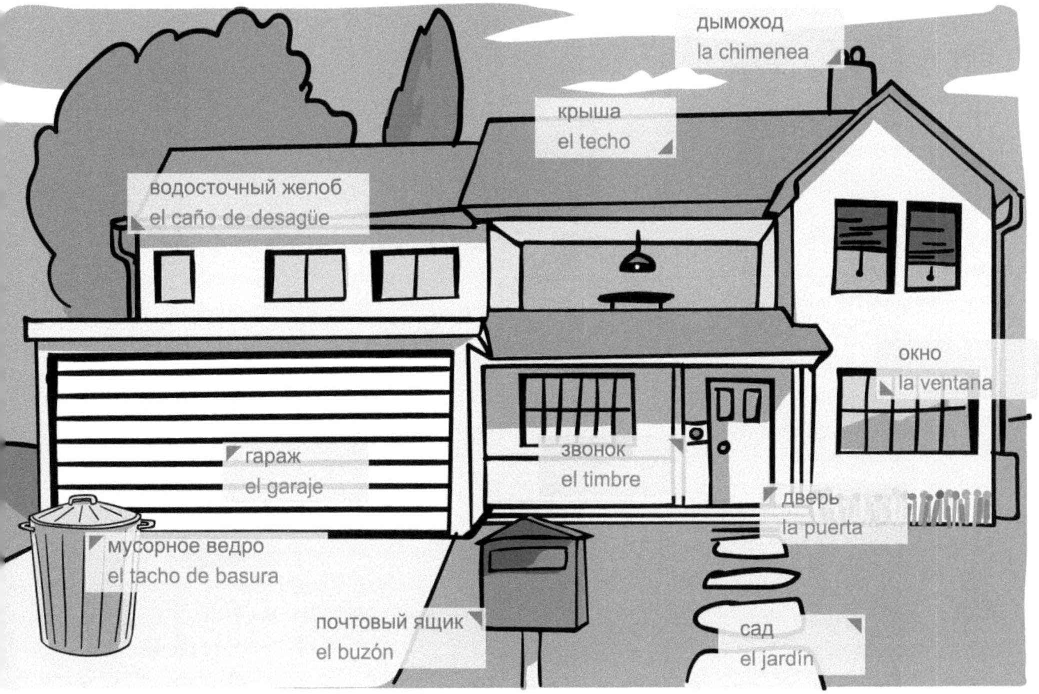

дымоход
la chimenea
крыша
el techo
водосточный желоб
el caño de desagüe
окно
la ventana
гараж
el garaje
звонок
el timbre
дверь
la puerta
мусорное ведро
el tacho de basura
почтовый ящик
el buzón
сад
el jardín

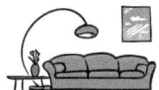

гостиная

el living

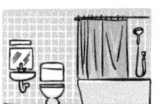

ванная комната

el baño

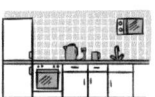

кухня

la cocina

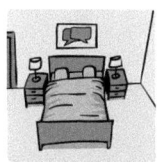

спальня

el dormitorio

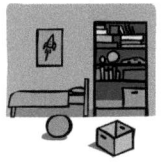

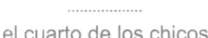

детская комната

el cuarto de los chicos

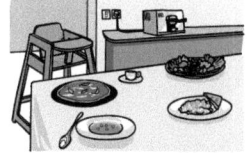

столовая

el comedor

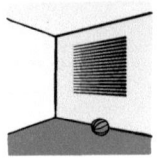

пол

el piso

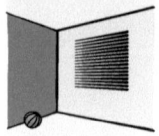

стена

la pared

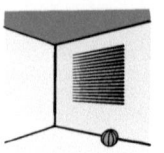

потолок

el cielorraso

подвал

el sótano

сауна

el sauna

балкон

el balcón

терраса

la terraza

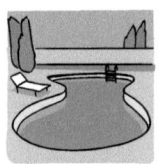

бассейн

la pileta

газонокосилка

la cortadora de pasto

пододеяльник

la sábana

покрывало

el acolchado

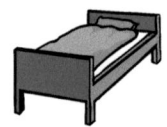

кровать

la cama

метла

la escoba

ведро

el balde

выключатель

el interruptor

гостиная
el living

обои
el empapelado
рисунок
la imagen
лампа
la lámpara
полка
el estante
шкаф
el armario
телевизор
la televisión
камин
la chimenea
цветок
la flor
подушка
el almohadón
диван
el sofá
ваза
el florero
пульт дистанционного управления
el control remoto

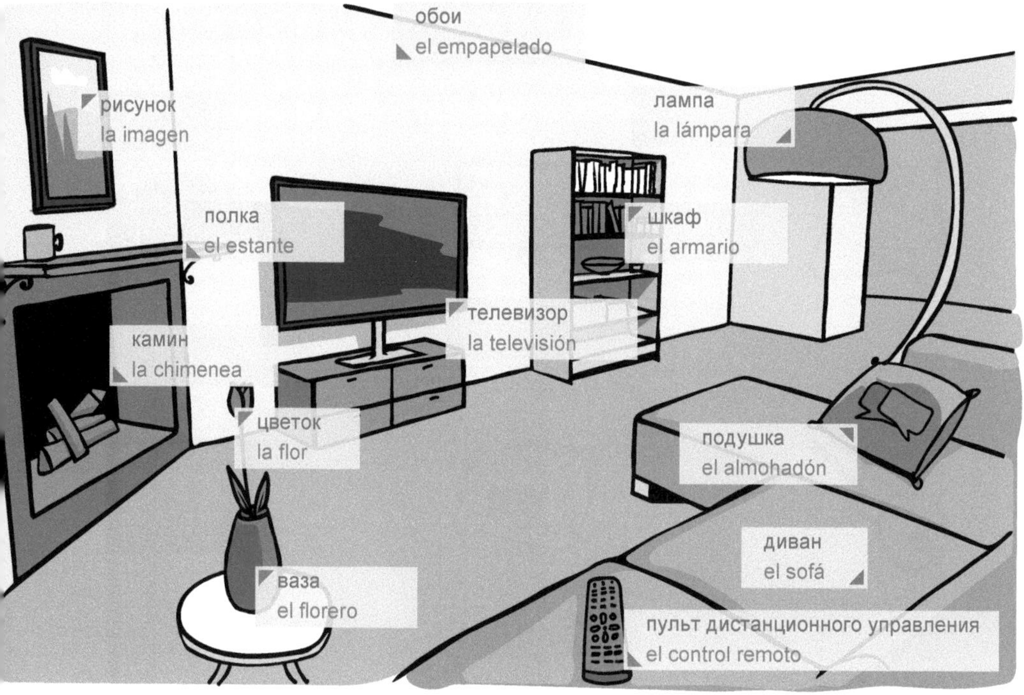

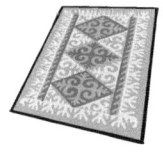

ковёр

la alfombra

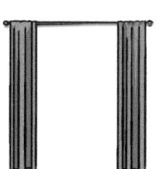

штора

la cortina

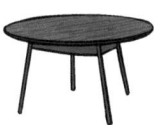

стол

la mesa

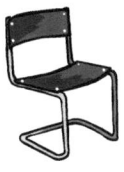

стул

la silla

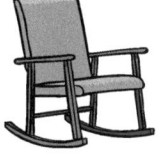

кресло-качалка

la mecedora

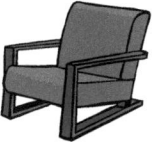

кресло

el sillón

книга

el libro

покрывало

la frazada

украшение

la decoración

дрова

la leña

фильм

la película

стереосистема

el equipo de música

ключ

la llave

газета

el diario

картина

la pintura

плакат

el póster

радио

la radio

блокнот

el cuaderno

пылесос

la aspiradora

кактус

el cactus

свеча

la vela

кухня

la cocina

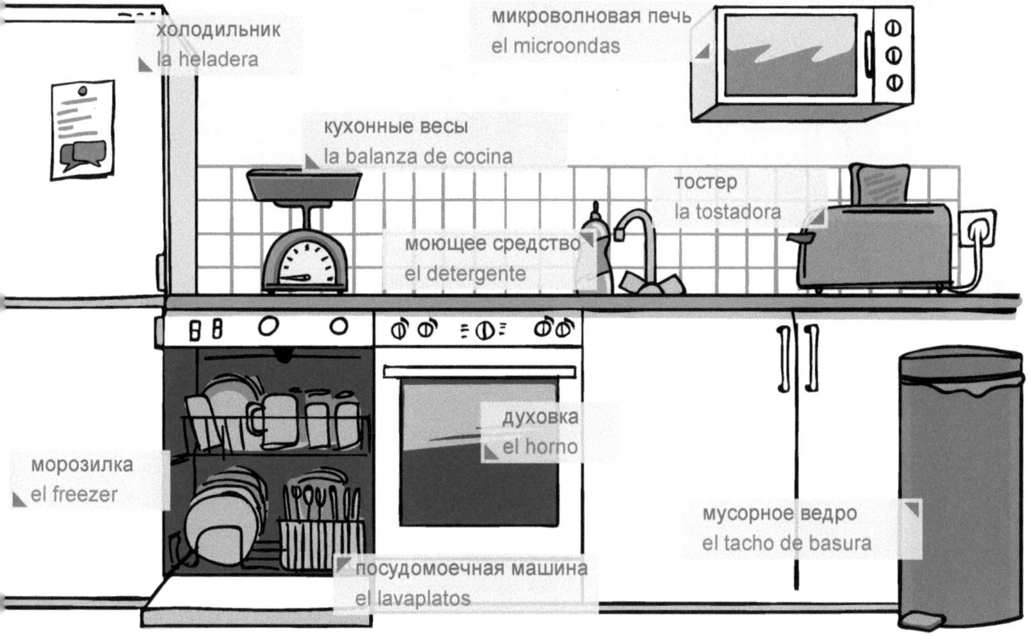
холодильник
la heladera
микроволновая печь
el microondas
кухонные весы
la balanza de cocina
тостер
la tostadora
моющее средство
el detergente
духовка
el horno
морозилка
el freezer
мусорное ведро
el tacho de basura
посудомоечная машина
el lavaplatos

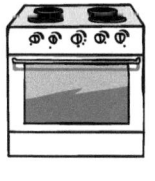

плита

la cocina

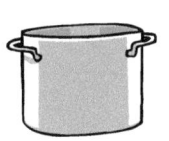

кастрюля

la olla

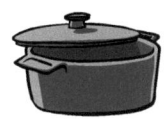

чугунный котелок

la olla de hierro fundido

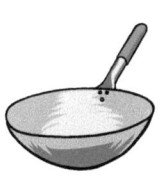

вок / кадай

el wok

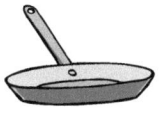

сковорода

la sartén

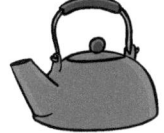

чайник

la pava

пароварка

la vaporera

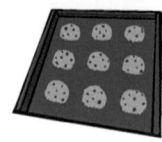

противень

la bandeja de horno

посуда

la vajilla

кружка

la taza

миска

el bol

палочки для еды

los palitos

половник

el cucharón

лопатка

la espátula

сбивалка

la batidora

сито

el colador

сито

el colador

тёрка

el rallador

ступка

el mortero

гриль

la parrilla

костёр

la fogata

доска

la tabla de picar

скалка

el palo de amasar

штопор

el sacacorchos

жестяная банка

la lata

консервный нож

el abrelatas

прихватка

la manopla

раковина

la pileta

щетка

el cepillo

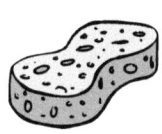

губка

la esponja

миксер

la batidora

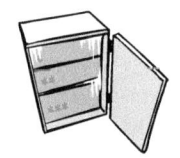

морозильная камера

el congelador

бутылочка для кормления

la mamadera

кран

la canilla

ванная комната
el baño

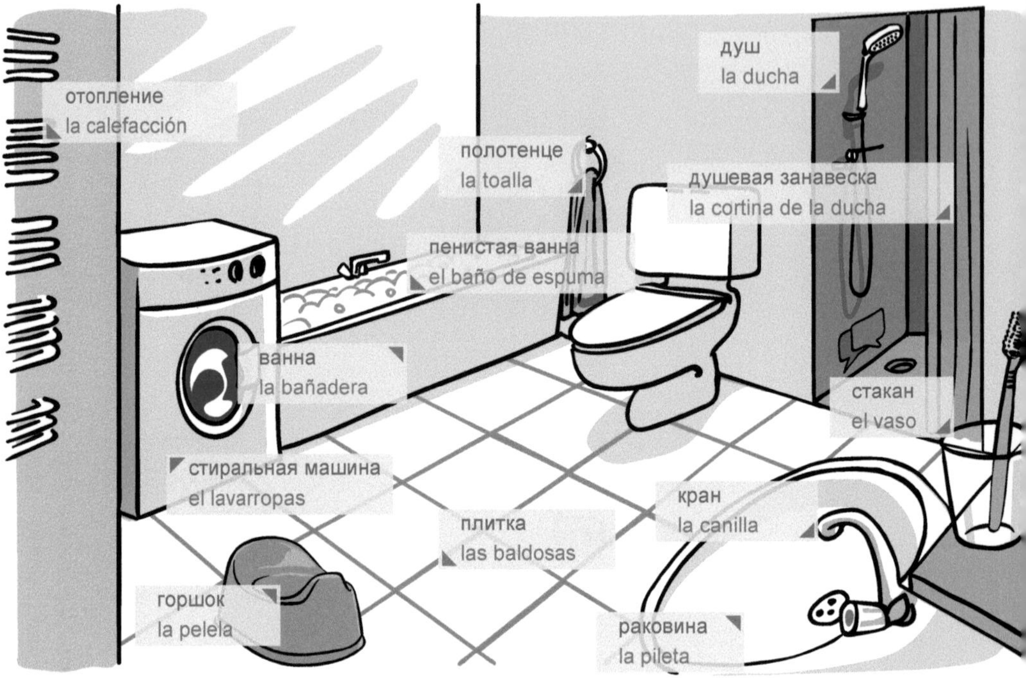

отопление
la calefacción
полотенце
la toalla
душ
la ducha
душевая занавеска
la cortina de la ducha
пенистая ванна
el baño de espuma
ванна
la bañadera
стиральная машина
el lavarropas
плитка
las baldosas
кран
la canilla
стакан
el vaso
горшок
la pelela
раковина
la pileta

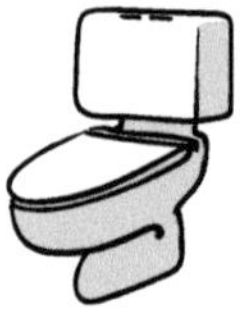

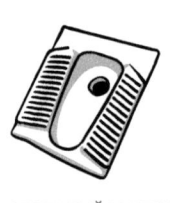

туалет

el inodoro

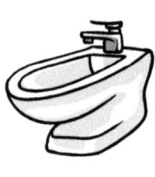

напольный унитаз

la letrina

биде

el bidé

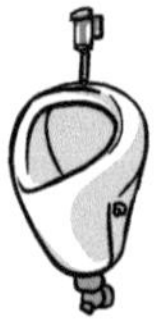

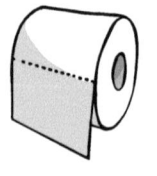

писсуар

el mingitorio

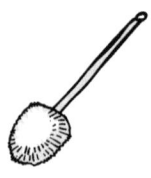

туалетная бумага

el papel higiénico

ершик

el cepillo para el inodoro

зубная щетка

el cepillo de dientes

зубная паста

el dentífrico

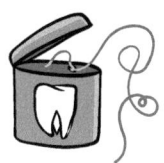

зубная нить

el hilo dental

мыть

lavar

ручной душ

la ducha de mano

интимный душ

la ducha higiénica

таз

la palangana

щетка для спины

el cepillo para la espalda

мыло

el jabón

гель для душа

el gel de ducha

шампунь

el shampoo

мочалка

la toallita

сток

el desagüe

крем

la crema

дезодорант

el desodorante

зеркало

el espejo

ручное зеркало

el espejito

бритва

la maquinita de afeitar

пена для бритья

la espuma de afeitar

лосьон после бритья

el aftershave

расческа

el peine

щетка

el cepillo

фен

el secador de pelo

лак для волос

el spray

косметика

el maquillaje

губная помада

el lápiz de labios

лак для ногтей

el esmalte para uñas

вата

el algodón

маникюрные ножницы

la tijera para uñas

духи

el perfume

косметичка

el portacosméticos

табуретка

la banqueta

весы

la balanza

халат

la bata

резиновые перчатки

los guantes de goma

тампон

el tampón

гигиеническая прокладка

la toallita femenina

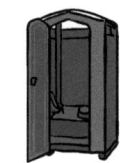

биотуалет

el baño químico

детская комната

el cuarto de los chicos

будильник
el despertador
мягкая игрушка
el peluche
игрушечный автомобиль
el coche de juguete
погремушка
el sonajero
кукольный домик
la casa de muñecas
подарок
el regalo

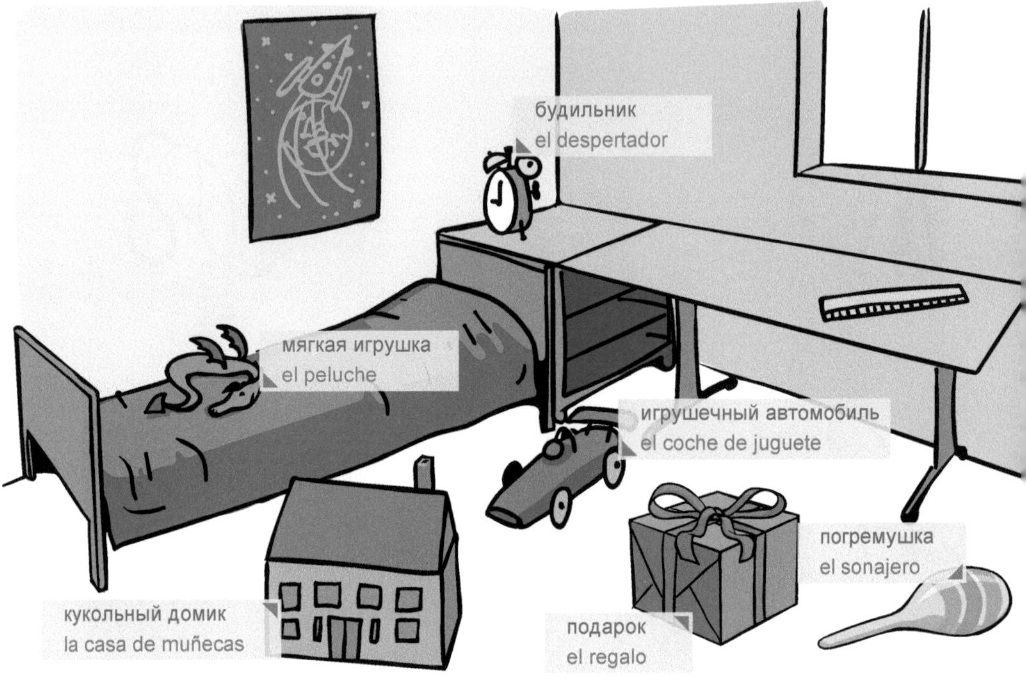

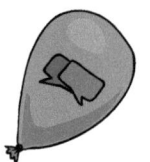

воздушный шар

el globo

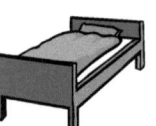

кровать

la cama

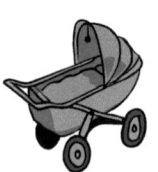

детская коляска

el cochecito

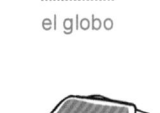

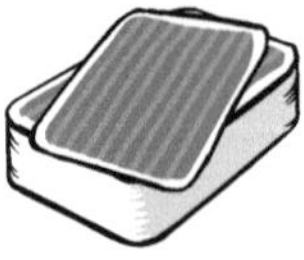

карточная игра

las cartas

пазл

el rompecabezas

SUPER
MEGA

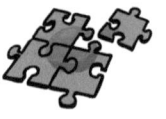

комикс

la historieta

кирпичики Лего

las piezas de lego

кубики

los ladrillos de juguete

игрушечная фигурка

la figura de acción

ползунки

el enterito (de bebé)

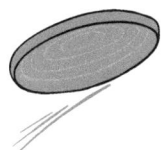

фрисби

el frisbee

мобиле

el móvil para bebés

настольная игра

el juego de mesa

кубик

los dados

модель железной дороги

el tren eléctrico

соска

el chupete

вечеринка

la fiesta

книга с картинками

el libro de cuentos ilustrado

мяч

la pelota

кукла

la muñeca

играть

jugar

песочница

el arenero

качели

la hamaca

игрушка

los juguetes

игровая приставка

la consola de videojuegos

трёхколесный велосипед

el triciclo

плюшевый медвежонок

el osito de peluche

шкаф для одежды

el armario

одежда

la ropa

носки

las medias

чулки

las medias panty

колготки

las calzas

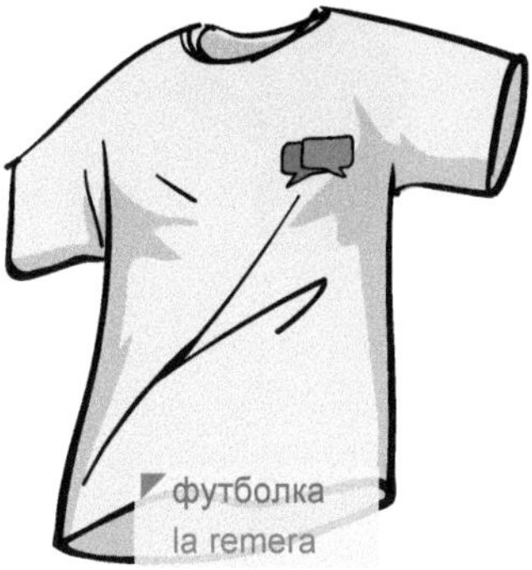

шарф
la bufanda

ремень
el cinturón

зонтик
el paraguas

футболка
la remera

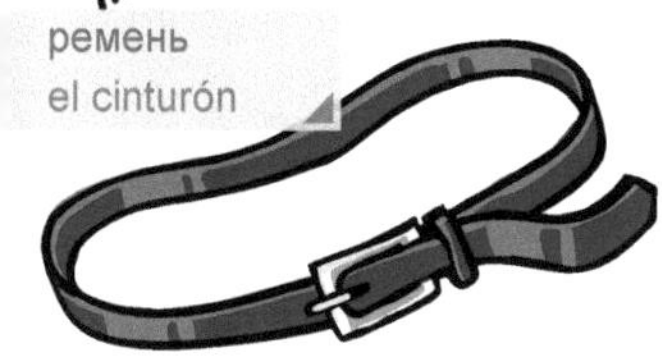

сапоги
las botas

тапки
las pantuflas

кроссовки
las zapatillas

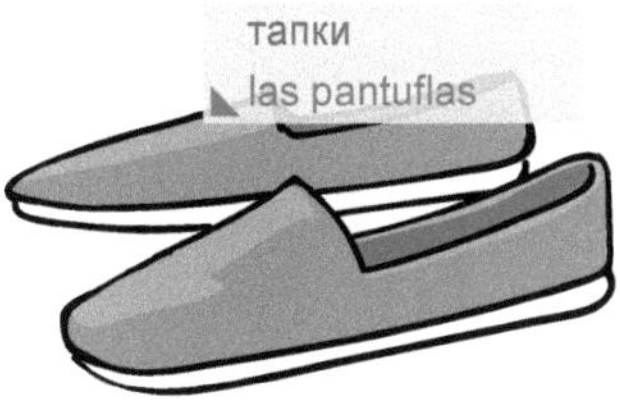

сандалии
las sandalias

ботинки
los zapatos

резиновые сапоги
las botas de goma

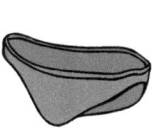
трусы
la ropa interior

бюстгальтер
el corpiño

майка
el chaleco

боди

el body

брюки

los pantalones

джинсы

los jeans

юбка

la pollera

блузка

la blusa

рубашка

la camisa

свитер

el pulóver

свитер

el buzo

спортивная куртка

el blazer

жакет

la campera

пальто

el tapado

плащ

el piloto

костюм

el traje

платье

el vestido

свадебное платье

el vestido de novia

мужской костюм

el traje

ночная сорочка

el camisón

пижама

el pijama

сари

el sari

платок

el pañuelo para la cabeza

тюрбан

el turbante

паранджа

la burka

кафтан

el caftán

абайя

la abaya

купальник

el traje de baño

плавки

el short de baño

шорты

los shorts

спортивный костюм

el jogging

фартук

el delantal

перчатки

los guantes

пуговица

el botón

очки

los anteojos

браслет

la pulsera

цепочка

el collar

кольцо

el anillo

серьга

el aro

шапка

la gorra

вешалка

la percha

шляпа

el sombrero

галстук

la corbata

застежка молния

el cierre

шлем

el casco

подтяжки

los tiradores

школьная форма

el uniforme escolar

форма

el uniforme

детский нагрудник

el babero

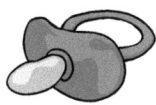

соска

el chupete

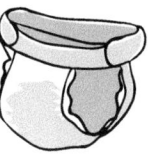

подгузник

el pañal

офис
la oficina

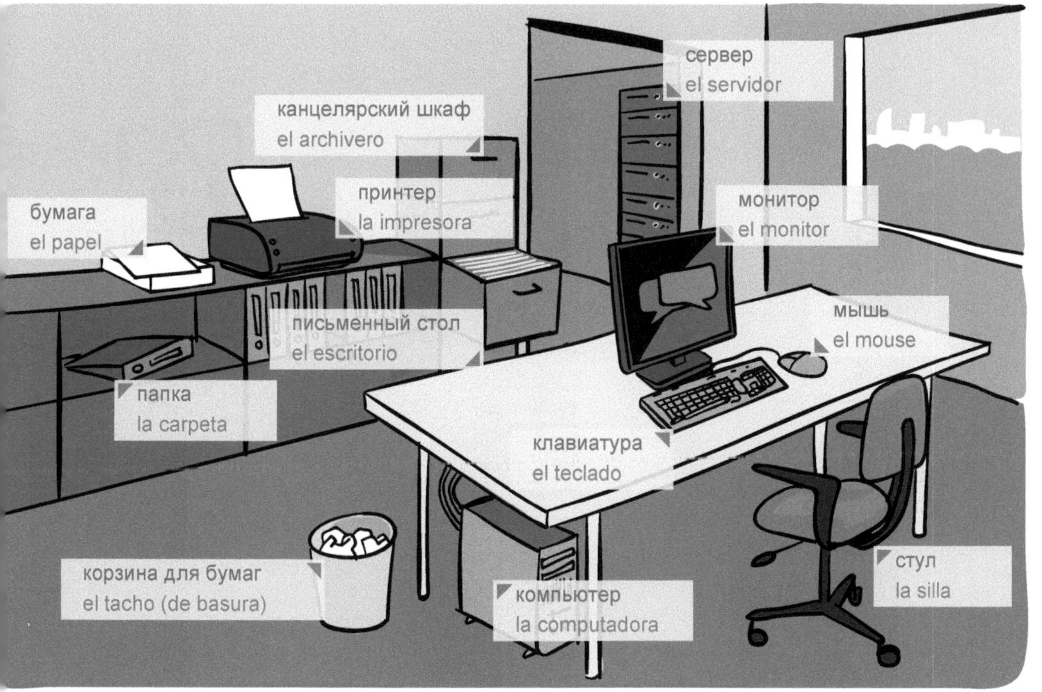

сервер
el servidor

канцелярский шкаф
el archivero

принтер
la impresora

монитор
el monitor

бумага
el papel

мышь
el mouse

письменный стол
el escritorio

папка
la carpeta

клавиатура
el teclado

корзина для бумаг
el tacho (de basura)

стул
la silla

компьютер
la computadora

кофейная кружка

la taza de café

калькулятор

la calculadora

интернет

el internet

ноутбук
la laptop

письмо
la carta

сообщение
el mensaje

мобильный телефон
el celular

сеть
la red

ксерокс
la fotocopiadora

программа
el software

телефон
el teléfono

розетка
el tomacorriente

факс
el fax

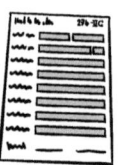

формуляр
el formulario

документ
el documento

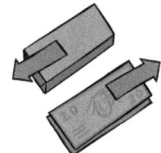

покупать

comprar

платить

pagar

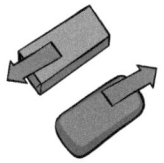

торговать

hacer negocios

деньги

el dinero

доллар

el dólar

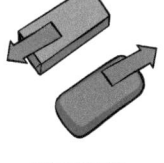 

евро

el euro

иена

el yen

рубль

el rublo

франк

el franco suizo

жэньминьби юань

el yuan

рупия

la rupia

банкомат

el cajero automático

пункт обмена валюты

la casa de cambio

золото

el oro

серебро

la plata

нефть

el petróleo

энергия

la energía

цена

el precio

договор

el contrato

налог

el impuesto

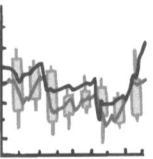

акция

la acción

работать

trabajar

служащий

el empleado

работодатель

el empleador

фабрика

la fábrica

магазин

el negocio

профессии
las ocupaciones

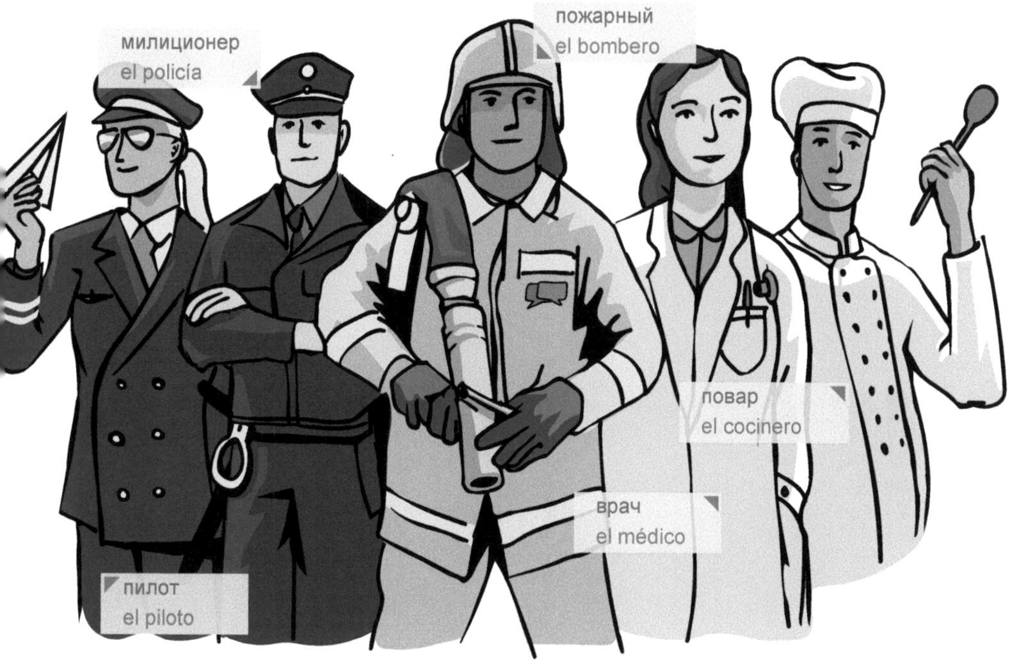
пожарный
el bombero
милиционер
el policía
повар
el cocinero
врач
el médico
пилот
el piloto

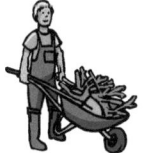

садовник

el jardinero

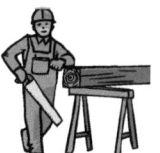

столяр

el carpintero

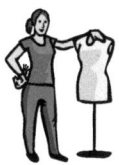

швея

la modista

судья

el juez

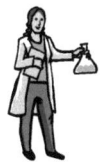

химик

el farmacéutico

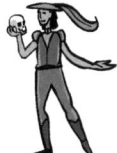

актёр

el actor

водитель автобуса

el colectivero

таксист

el taxista

рыбак

el pescador

уборщица

la mucama

кровельщик

el techista

официант

el mozo

охотник

el cazador

художник

el pintor

пекарь

el panadero

электрик

el electricista

строитель

el albañil

инженер

el ingeniero

мясник

el carnicero

сантехник

el plomero

почтальон

el cartero

солдат

el soldado

архитектор

el arquitecto

кассир

el cajero

флорист

el florista

парикмахер

el peluquero

кондуктор

el cobrador

механик

el mecánico

капитан

el capitán

зубной врач

el dentista

ученый

el científico

раввин

el rabino

имам

el imán

монах

el monje

священник

el sacerdote

инструменты
las herramientas

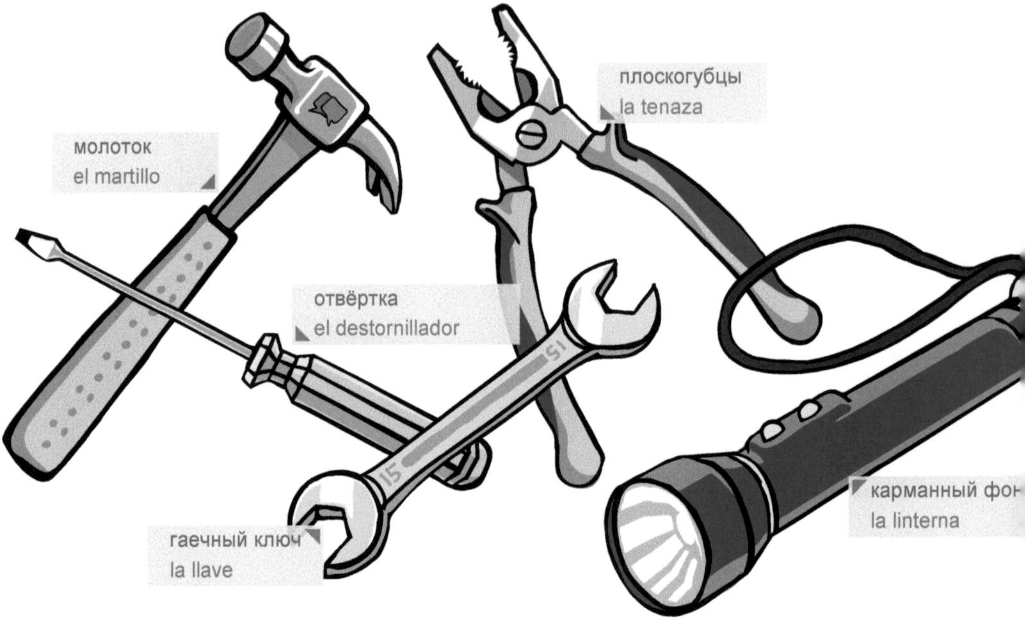

молоток
el martillo
плоскогубцы
la tenaza
отвёртка
el destornillador
гаечный ключ
la llave
карманный фон
la linterna

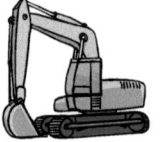

экскаватор

la excavadora

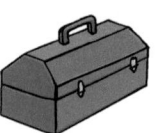

ящик для инструментов

la caja de herramientas

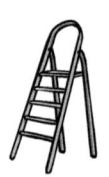

стремянка

la escalera portátil

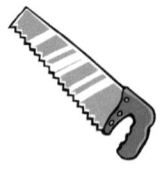

пила

la sierra

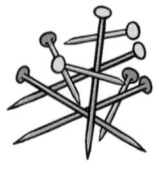

гвозди

los clavos

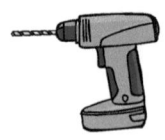

дрель

el taladro

ремонтировать

arreglar

лопата

la pala de jardín

Блин!

¡Qué bronca!

совок

la pala de plástico

ведро с краской

el tacho de pintura

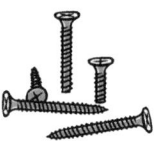

винты

los tornillos

музыкальные инструменты
los instrumentos musicales

громкоговоритель
el parlante

ударный инструмент
la batería

гитара
la guitarra

контрабас
el contrabajo

труба
la trompeta

пианино

el piano

скрипка

el violín

бас-гитара

el bajo

литавры

los timbales

барабан

el tambor

синтезатор

el teclado

саксофон

el saxofón

флейта

la flauta

микрофон

el micrófono

вход
la entrada

тигр
el tigre

клетка
la jaula

зебра
la cebra

корм
el alimento para animales

панда
el oso panda

животные

los animales

слон

el elefante

кенгуру

el canguro

носорог

el rinoceronte

горилла

el gorila

медведь

el oso

верблюд

el camello

страус

el avestruz

лев

el león

обезьяна

el mono

фламинго

el flamenco

попугай

el loro

белый медведь

el oso polar

пингвин

el pingüino

акула

el tiburón

павлин

el pavo real

змея

la serpiente

крокодил

el cocodrilo

служитель зоопарка

el cuidador del zoológico

тюлень

la foca

ягуар

el jaguar

пони

el poni

леопард

el leopardo

бегемот

el hipopótamo

жираф

la jirafa

орёл

el águila

кабан

el jabalí

рыба

el pescado

черепаха

la tortuga

морж

la morsa

лиса

el zorro

газель

la gacela

американский футбол
el fútbol americano

езда на велосипеде
el ciclismo

теннис
el tenis

баскетбол
el básquet

плавание
la natación

бокс
el boxeo

хоккей
el hockey sobre hielo

футбол
el fútbol

бадминтон
el bádminton

лёгкая атлетика
el atletismo

гандбол
el handball

лыжный спорт
el esquí

поло
el polo

действия
las actividades

прыгать
saltar
обнимать
abrazar
смеяться
reír
идти
caminar
петь
cantar
мечтать
soñar
молиться
rezar
целовать
besar

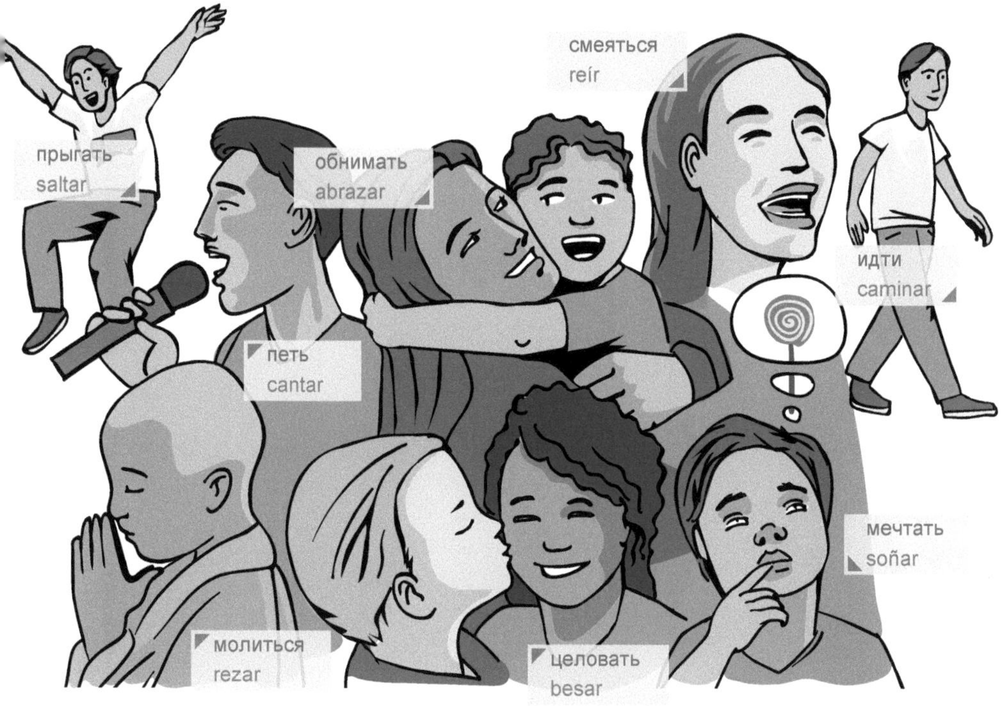

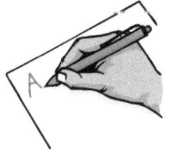

писать

escribir

рисовать

dibujar

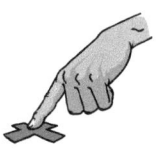

показывать

mostrar

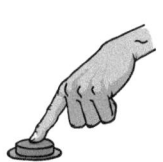

нажимать

presionar

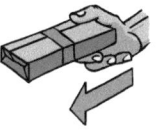

давать

dar

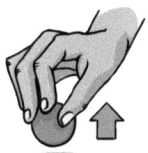

брать

tomar

иметь
....
tener

делать
....
hacer

быть
....
ser

стоять
....
estar parado

бежать
....
correr

тянуть
....
tirar

бросать
....
tirar

падать
....
caer

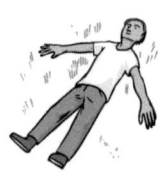

лежать
....
estar acostado

ждать
....
esperar

носить
....
llevar

сидеть
....
estar sentado

надевать
....
vestirse

спать
....
dormir

просыпаться
....
despertar

рассматривать

mirar

плакать

llorar

гладить

acariciar

причесывать

peinar

говорить

hablar

понимать

entender

спрашивать

preguntar

слушать

escuchar

пить

beber

кушать

comer

наводить порядок

ordenar

любить

amar

готовить

cocinar

ехать

manejar

летать

volar

ходить под парусом

navegar

считать

calcular

читать

leer

учиться

aprender

работать

trabajar

вступать в брак

casarse

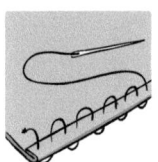

шить

coser

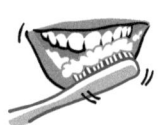

чистить зубы

cepillarse los dientes

убивать

matar

курить

fumar

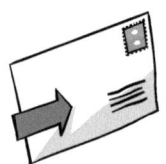

отправлять

enviar

семья

la familia

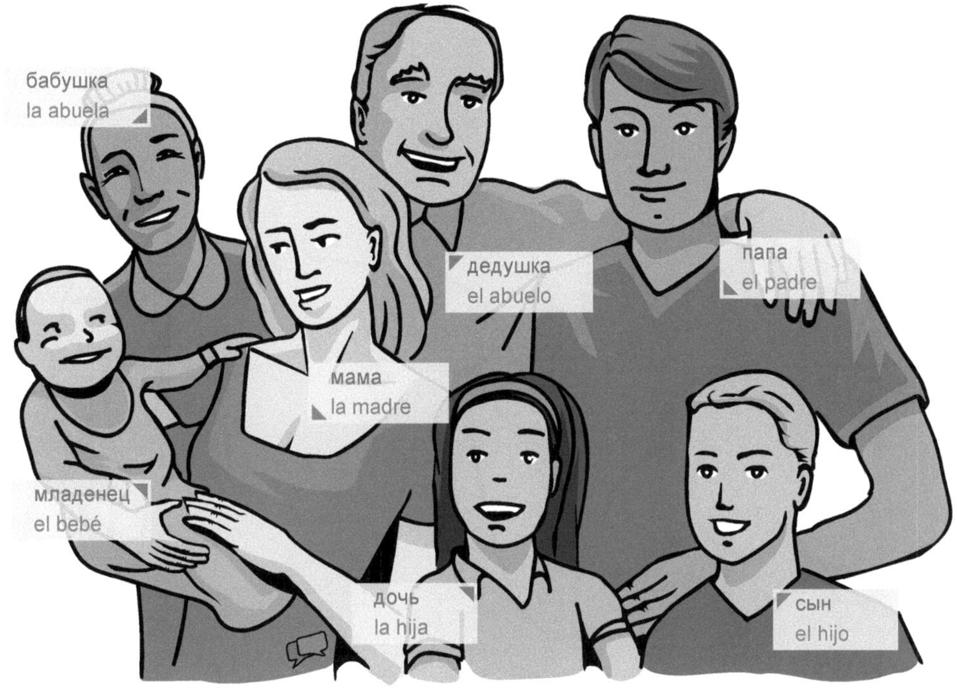

бабушка
la abuela
дедушка
el abuelo
папа
el padre
мама
la madre
младенец
el bebé
дочь
la hija
сын
el hijo

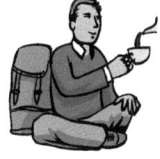

гость

el invitado

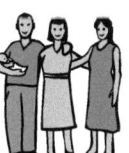

тетя

la tía

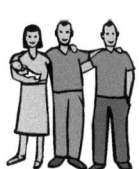

дядя

el tío

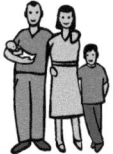

брат

el hermano

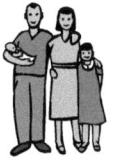

сестра

la hermana

тело
el cuerpo

лоб
la frente
глаз
el ojo
плечо
el hombro
палец
el dedo
лицо
la cara
подбородок
la pera
кисть
la mano
нога
la pierna
грудь
el pecho
рука
el brazo

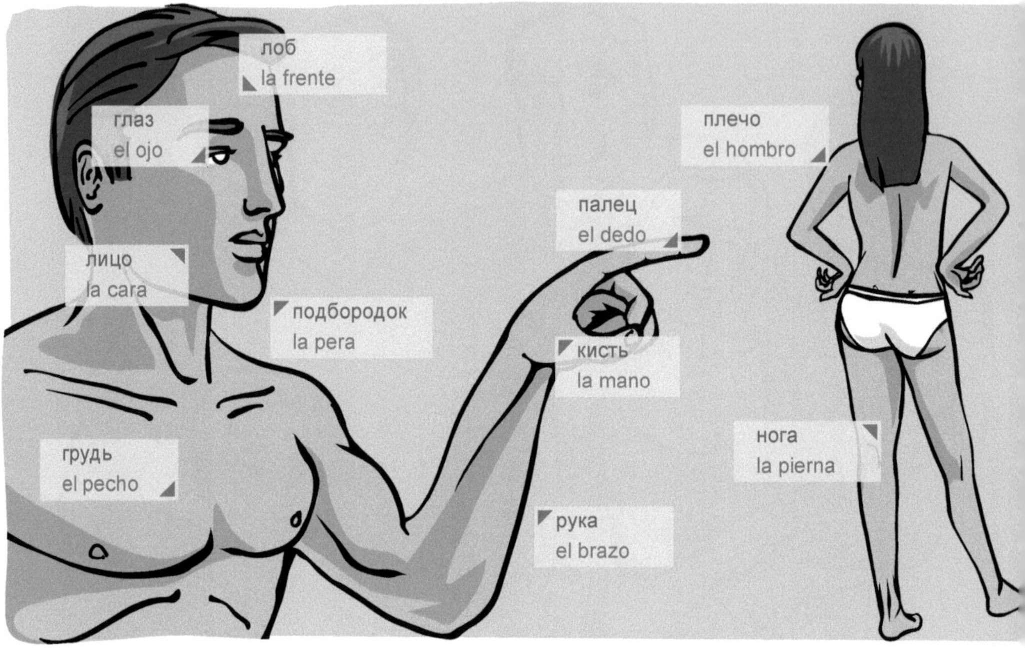

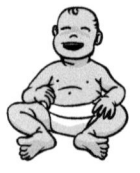

младенец

el bebé

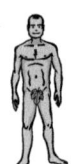

мужчина

el hombre

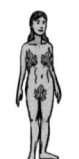

женщина

la mujer

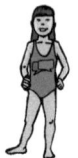

девочка

la nena

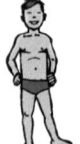

мальчик

el nene

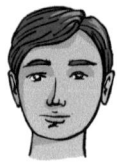

голова

la cabeza

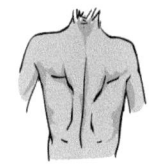

спина

la espalda

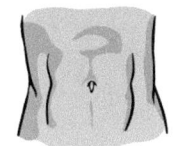

живот

la panza

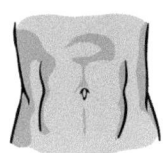

пупок

el ombligo

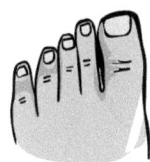

палец ноги

el dedo del pie

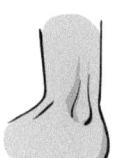

пятка

el talón

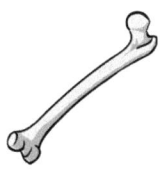

кость

el hueso

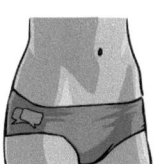

бедро

la cadera

колено

la rodilla

локоть

el codo

нос

la nariz

ягодицы

la cola

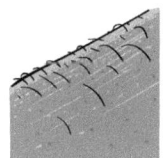

кожа

la piel

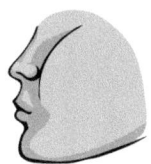

щека

el cachete

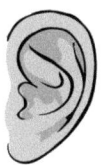

ухо

la oreja

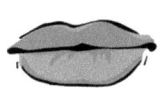

губа

el labio

тело - el cuerpo

рот

la boca

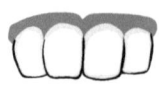

зуб

el diente

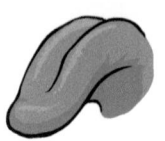

язык

la lengua

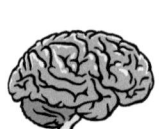

мозг

el cerebro

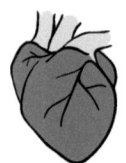

сердце

el corazón

мышца

el músculo

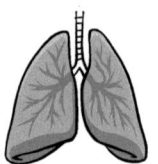

лёгкое

el pulmón

печень

el hígado

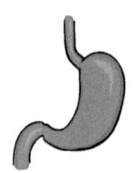

желудок

el estómago

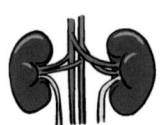

почки

los riñones

половой акт

el sexo

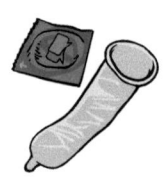

презерватив

el preservativo

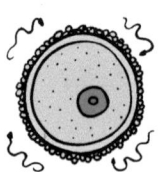

яйцеклетка

el óvulo

сперма

el semen

беременность

el embarazo

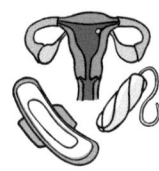

менструация

la menstruación

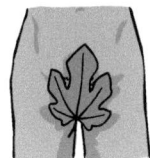

вагина

la vagina

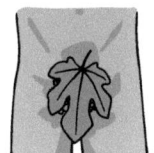

пенис

el pene

бровь

la ceja

волосы

el pelo

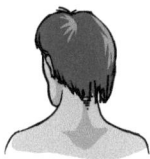

шея

el cuello

больница

el hospital

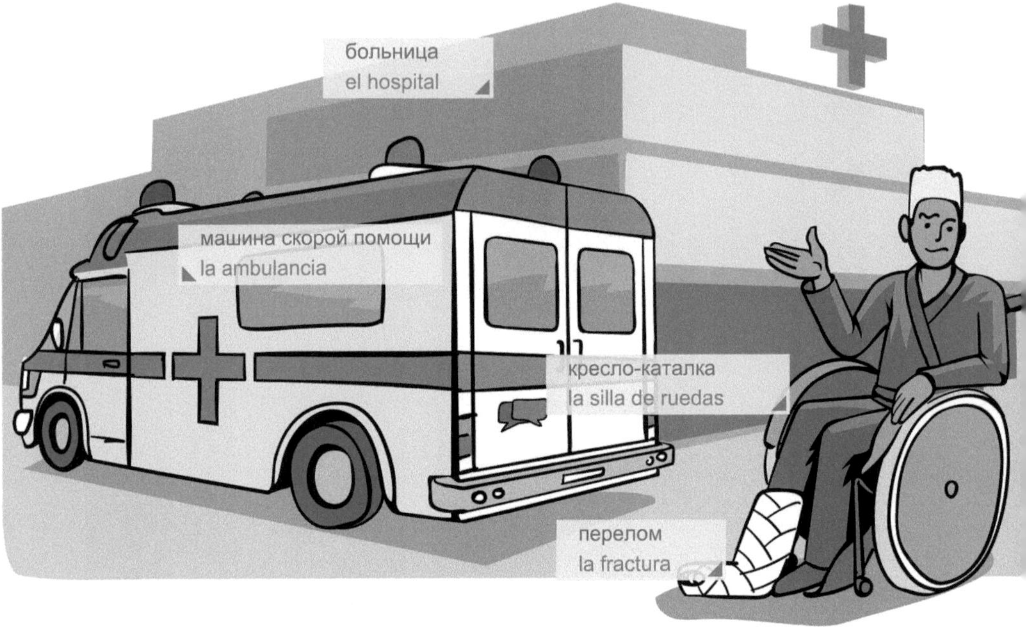

больница
el hospital
машина скорой помощи
la ambulancia
кресло-каталка
la silla de ruedas
перелом
la fractura

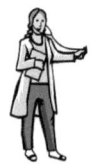

врач

el médico

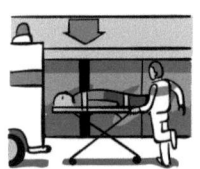

пункт первой помощи

la sala de guardia

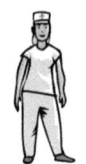

медсестра

la enfermera

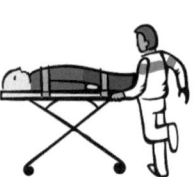

неотложный случай

la emergencia

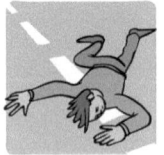

без сознания

inconsciente

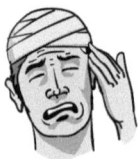

боль

el dolor

повреждение

la lesión

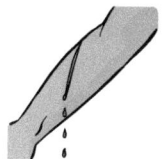

кровотечение

la hemorragia

инфаркт

el infarto

инсульт

el ACV

аллергия

la alergia

кашель

la tos

повышенная температура

la fiebre

грипп

la gripe

понос

la diarrea

головная боль

el dolor de cabeza

рак

el cáncer

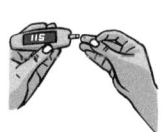

диабет

la diabetes

хирург

el cirujano

скальпель

el bisturí

операция

la operación

КТ

la TC

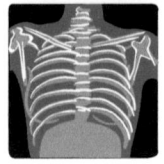

рентген

los rayos x

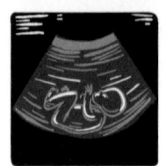

ультразвук

la ecografía

маска

el barbijo

болезнь

la enfermedad

приёмная

la sala de espera

костыль

la muleta

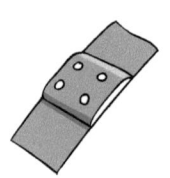

пластырь

la curita

бинт

la venda

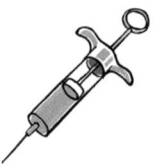

укол

la inyección

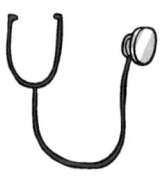

стетоскоп

el estetoscopio

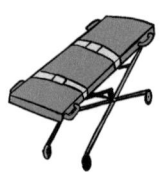

носилки

la camilla

термометр

el termómetro

рождение

el nacimiento

избыточный вес

el sobrepeso

слуховой аппарат

el audífono

дезинфекционное средство

el desinfectante

инфекция

la infección

вирус

el virus

ВИЧ / СПИД

el VIH / SIDA

лекарство

el remedio

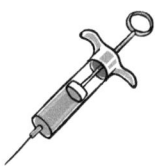

прививка

la vacunación

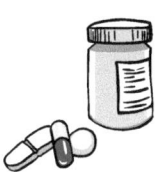

таблетки

los comprimidos

противозачаточная таблетка

la pastilla anticonceptiva

экстренный вызов

la llamada de emergencia

прибор для измерения кровяного давления

el tensiómetro

больной / здоровый

enfermo / sano

Помогите!

¡Ayuda!

сигнал тревоги

la alarma

нападение

la agresión

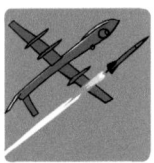

атака

el ataque

опасность

el peligro

запасной выход

la salida de emergencia

Пожар!

¡Fuego!

огнетушитель

el matafuego

несчастный случай

el accidente

аптечка

el botiquín de primeros auxilios

SOS

el SOS

милиция

la policía

Европа

Europa

Северная Америка

América del Norte

Южная Америка

América del Sur

Африка

África

Азия

Asia

Австралия

Australia

Атлантический океан

el Atlántico

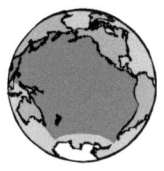

Тихий океан

el Pacífico

Индийский океан

el Océano Índico

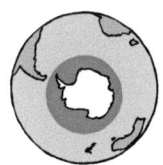

Антарктический океан

el Océano Antártico

Северный Ледовитый океан

el Océano Ártico

Северный полюс

el polo norte

Южный полюс

el polo sur

Антарктика

la Antártida

земля

la Tierra

суша

la tierra

море

el mar

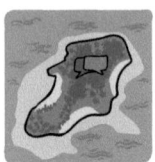

остров

la isla

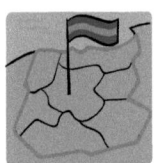

нация

la nación

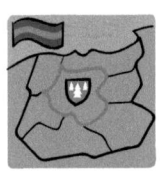

государство

el estado

циферблат

la esfera

часовая стрелка

la manecilla de las horas

минутная стрелка

el minutero

секундная стрелка

el segundero

Который час?

¿Qué hora es?

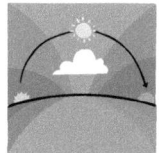

день

el día

время

la hora

сейчас

ahora

электронные часы

el reloj digital

минута

el minuto

час

la hora

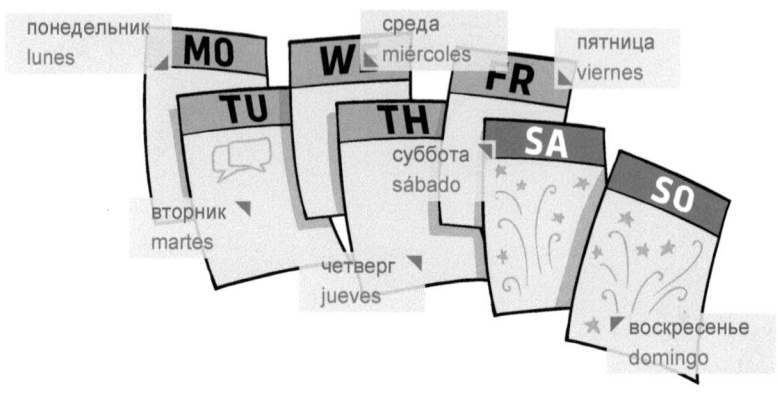

понедельник
lunes

среда
miércoles

пятница
viernes

вторник
martes

четверг
jueves

суббота
sábado

воскресенье
domingo

вчера
....
ayer

сегодня
....
hoy

завтра
....
mañana

утро
....
la mañana

полдень
....
el mediodía

вечер
....
la tarde

MO	TU	WE	TH	FR	SA	SU
1	2	3	4	5	6	7
8	9	10	11	12	13	14
15	16	17	18	19	20	21
22	23	24	25	26	27	28
29	30	31	1	2	3	4

рабочие дни
....
los días hábiles

MO	TU	WE	TH	FR	SA	SU
1	2	3	4	5	6	7
8	9	10	11	12	13	14
15	16	17	18	19	20	21
22	23	24	25	26	27	28
29	30	31	1	2	3	4

выходные
....
el fin de semana

год

el año

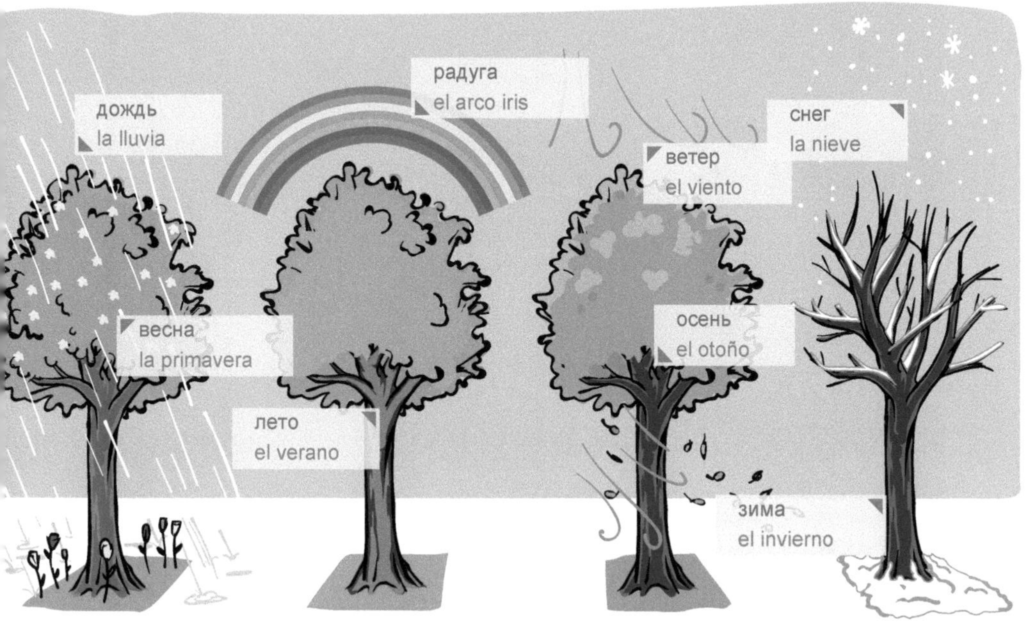

дождь
la lluvia
радуга
el arco iris
снег
la nieve
ветер
el viento
весна
la primavera
осень
el otoño
лето
el verano
зима
el invierno

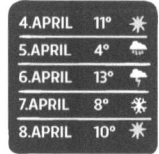

4.APRIL 11°
5.APRIL 4°
6.APRIL 13°
7.APRIL 8°
8.APRIL 10°

прогноз погоды

l pronóstico meteorológico

F
C
120
90
60
30
0
-30
40
30
20
10
0
-10
-20

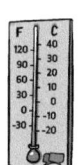

термометр

el termómetro

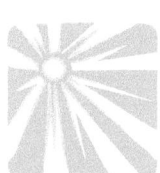

солнечный свет

la luz del sol

туча

la nube

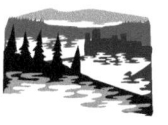

туман

la niebla

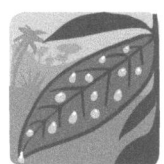

влажность воздуха

la humedad

молния

el rayo

гром

el trueno

буря

la tormenta

град

el granizo

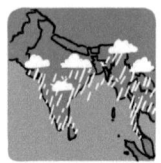

муссон

el monzón

наводнение

la inundación

лёд

el hielo

январь

enero

февраль

febrero

март

marzo

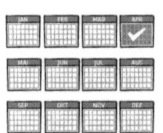

апрель

abril

май

mayo

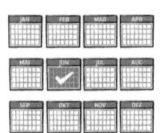

июнь

junio

июль

julio

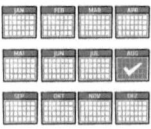

август

agosto

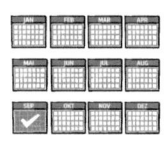

сентябрь

septiembre

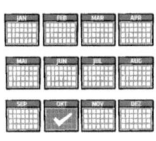

октябрь

octubre

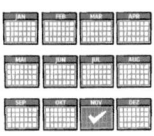

ноябрь

noviembre

декабрь

diciembre

формы
las formas

круг

el círculo

квадрат

el cuadrado

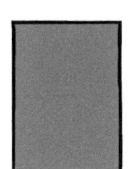

прямоугольник

el rectángulo

треугольник

el triángulo

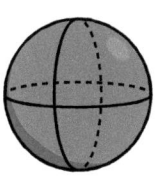

шар

la esfera

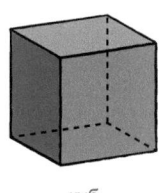

куб

el cubo

белый

blanco

желтый

amarillo

оранжевый

naranja

розовый

rosa

красный

rojo

лиловый

violeta

синий

azul

зелёный

verde

коричневый

marrón

серый

gris

черный

negro

много / мало

mucho / poco

яростный / мирный

enojado / tranquilo

красивый / уродливый

lindo / feo

начало / конец

el principio / el fin

большой / маленький

grande / chico

светлый / темный

claro / oscuro

брат / сестра

el hermano / la hermana

чистый / грязный

limpio / sucio

полный / неполный

completo / incompleto

день / ночь

el día / la noche

мёртвый / живой

muerto / vivo

широкий / узкий

ancho / angosto

съедобный / несъедобный

comestible / no comestible

злой / дружелюбный

malo / amable

взволнованный /
скучающий
entusiasmado / aburrido

толстый / худой

gordo / flaco

сначала / в конце

primero / último

друг / враг

el amigo / el enemigo

полный / пустой

lleno / vacío

твёрдый / мягкий

duro / blando

тяжёлый / легкий

pesado / liviano

голод / жажда

el hambre / la sed

больной / здоровый

enfermo / sano

незаконный / законный

ilegal / legal

умный / глупый

inteligente / estúpido

слева / справа

izquierda / derecha

близко / далеко

cerca / lejos

новый / подержанный

nuevo / usado

ничто / нечто

nada / algo

старый / молодой

viejo / joven

включено / выключено

encendido / apagado

открыто / закрыто

abierto / cerrado

тихо / громко

silencioso / ruidoso

богатый / бедный

rico / pobre

правильный /
неправильный
correcto / incorrecto

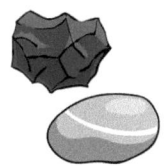

шероховатый / гладкий

áspero / suave

печальный / счастливый

triste / contento

короткий / длинный

corto / largo

медленный / быстрый

lento / rápido

мокрый / сухой

mojado / seco

тёплый / прохладный

caliente / frío

война / мир

guerra / paz

противоположности - los opuestos

0

ноль

cero

1

один

uno

2

два

dos

3

три

tres

4

четыре

cuatro

5

пять

cinco

6

шесть

seis

7

семь

siete

8

восемь

ocho

9

девять

nueve

10

десять

diez

11

одиннадцать

once

12	**13**	**14**
двенадцать	тринадцать	четырнадцать
doce	trece	catorce
15	**16**	**17**
пятнадцать	шестнадцать	семнадцать
quince	dieciséis	diecisiete
18	**19**	**20**
восемнадцать	девятнадцать	двадцать
dieciocho	diecinueve	veinte
100	**1.000**	**1.000.000**
сто	тысяча	миллион
cien	mil	el millón

английский

el inglés

американский английский

el inglés americano

мандаринский китайский

el chino mandarín

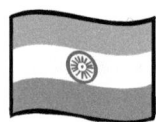

хинди

el hindi

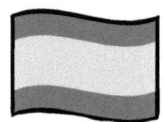

испанский

el español

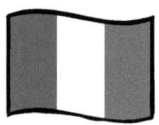

французский

el francés

арабский

el árabe

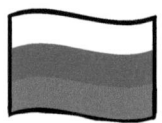

русский

el ruso

португальский

el portugués

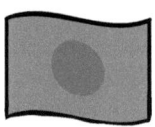

бенгальский

el bengalí

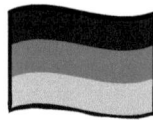

немецкий

el alemán

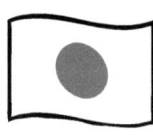

японский

el japonés

я
yo

ты
vos

он / она / оно
él / ella

мы
nosotros

вы
ustedes

они
ellos

кто?
¿quién?

что?
¿qué?

как?
¿cómo?

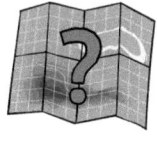

где?
¿dónde?

когда?
¿cuándo?

имя
el nombre

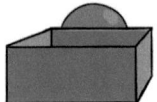

за

detrás

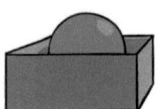

в

en

перед

adelante de

над

por encima de

на

sobre

под

debajo de

рядом

al lado de

между

entre

место

el lugar